50대는 시작이다

경연사

50대는 시작이다

2021년 6월 10일 초판 1쇄 발행

지은이 : 박은태
발행인 : 박은태
발행처 : (주)경연사
출판사 등록번호 : 제 17-295호
주소 : 경기도 파주시 광인사길 127 경연사
전화 : 031-955-7654
FAX : 031-955-7655
이메일 : kipp0175@hanmail.net
홈페이지 : www.genyunsa.com
잘못 만들어진 책은 교환해 드립니다.

목 차

1. 50대 창업에 유리한 조건

2. 91세까지 경영일선에서 일한 워렌 버핏

3. 늦게 깨달은 - 만우 조홍제

4. 미래를 예견한 노숙한 단안 - 김향수

5. 앉아서 늙어 녹스는 것 보다 열심히 뛰는 것이 낫다
   - 커넬 선더스(Colonel Sanders)

6. 52세에 맥도날드에 뛰어든 - 레이몬드 앨버트 크록 (Raymond Albert Kroc)

7. 늦었다고 생각한 때가 바로 시작할 때이다. - 코리아나 화장품 창업주 유상옥(兪相玉)

8. 50대에 경영연수원(METIZO)을 설립하여 대성한 자기기업화(Enterprise of Self)의 저자 -보브 오브리 (Bob Aubrey)

9. 벤처인증을 따낸 60대 - 김문경(金文卿)

10. 70세에 변호사시험에 합격하여 로펌을 창설한 변호사 - 로젠버그(Rosenberg)

11. 나 자신의 인생에 즐거운 무엇인가를 하고 싶다 - 캐메론

서 문

"50대의 창업"을 저술한지 여러 해가 지났다. 지금 50대는 어쩌면 일생에 두 번 고난을 겪는 셈이다. 청년 시절엔 우리나라 IMF 외환위기에서 경제를 일으켜야 하는 개발시대를 살아야 했고, 이제 선진국 문턱에 이른 오늘날 COVID-19 전염병으로 평생직이 보장되지 않게 되었다.

50대는 스스로 자기의 삶을 개척해 나가야 하는 독자생존의 환경에 있다고 볼 수 있다. 우리나라의 열악한 사회복지제도 하에서는 전문 인력으로 성공하지 못하면 자기의 능력으로 개척해 나가야 한다. 어쩌면 이 세대는 10년 후에는 60 환갑 나이에 무엇을 할 수 있겠나 하고 자포자기에 빠질 수도 있다.

워렌 버핏은 올해 91세에 이르러 경영 후임자를 선정하고 일선에서 물러 설 정도로 노익장을 과시하고 있다. 시카고 대학의 알버트 슈왈쯔박사는 48세에 학업을 마치고 그 후 50년간 재직하면서 "미국의 금융사"를 집필하고 98세에 떠났다.

또 다른 사례를 보면 월가의 판매 사원이던 알버트 고던은 하버드를 나와 골드만삭스에서 사채판매를 위해 젊은 시절 판촉활동을 하다 가 중년에 자기의 기업을 세워 104세까지 주 4일 근무한 후에 105세에 타계하였다.

자신의 일을 하는 데는 정년이 있을 수 없다. 여기에 소개하는 기업인은 자기의 삶을 의미 있게 영위코자 열정과 의욕과 도전정신으로 자신의 삶을 일구어 낸 사람들이다. 집안이 어려워 학업을 중단하고 일찍이 소년가장으로 가족과 자녀를 돌본 이후, 50대 이후에 법학을 공부하여 70세에 변호사가 되어 외손녀와 함께 할리우드에서 로젠버그 로펌을 운영하는 로젠버그씨, 대학을 중퇴하고 의류회사에 들어가 자신의 재질을 살려 오늘날 세계적인 패션사업을 하는 현재 75세의 조지 알마니 사장, 그는 이 나이에도 은퇴하지 않고 향후 25년간 더 열정적으로 사회에서 일하겠다는 의욕을 밝히고 있다. 최근 우리나라에 상륙한 인기 있는 영화 인디아나 존스를 제작 한 파라마운트영화사 82세의 섬너 레드스톤 회장은 후계자와 상속은 생각지도 않고 죽는 날 까지 열심히 일 하겠다고 한다. 또한 세계적인 화학업체인 포모사 프라스틱 왕융칭씨는 91세의 고령에도 불구하고 경영일선에서 활동하고 있다.

이들은 수적인 연령(Biological Age)은 의미가 없고, 인생을 사는데 가치관과 이를 실현하는 자세가 중요하다는 것을 가르쳐 주고 있다.

우리는 50대가 되었던 80대가 되던 나이에 관계없이 의욕과 열정으로 여생을 값지게 영위해나갈 수 있다고 본다. 서울대 경영대 교수 가운데는 항상 제자들에게 너 일을 하라고 권면한다고 한다.

세계적인 부호 빌 게이트는 대학을 중퇴 하면서 모험사업을 이루어 세상에 빛난 업적을 쌓았고, 워렌 버핏(Warren Edward Buffett) 역시 재산 한 푼 남기지 않은 아버지 덕분에 스스로 일어서서 초년에 갖은 시련을 극복하고 오늘의 영광을 성취한 기업인으로 우리시대에서 보고 있다.

우리나라 정년기준은 기관마다 차이가 있다. 노동청에

서는 50세, 금융기관은 55세, 공무원은 60세 그리고 교수는 65세이다.

　58세 창업하여 22년간 효성그룹을 이룬 만우 조홍제 회장을 비롯하여, 60세 이후 반도체를 시작하여 오늘의 아남전기를 세운 김향수 회장, 55세에 명예퇴직 이후 전화 2대와 직원 5명으로 창업하여 오늘날 화장품업계 거목으로 성장한 코리아나의 유상옥 회장 등의 위대한 기업인들로부터 우리는 늦었다고 생각할 때가 빠른 때라는 말을 실감케 하게 된다.

　본서 편집을 도와준 안 제원, 김 유미 두 분께 감사드린다.

2021년 6월
박 은태

* 출처는 가능한 범위 내에서 각주를 달아 명기했으며, 사례 인용의 경우에는 이미 자서전, 인물평 그리고 일간지와 주간지 등에서 소개되어 많은 사람들에게 감명과 용기를 준 공인이라고 판단되어 출처를 따로 표기하지 않았다.

1. 50대 창업에 유리한 조건

 우리나라는 사회적으로 가치를 인정받고 미래가 보장되는 모델이 몇 가지 존재했었다. 그것은 첫째, 명문대의 졸업장을 따는 것, 또 재벌 기업에 취업하는 것, 마지막으로 은행을 비롯한 큰 금융기관에 직장을 가짐으로서 신분이 보장되고 명예를 획득하여 일평생 안정된 삶을 영위할 수 있는 것이었다.

 그러나 영원히 변하지 않을 것 같던 이런 생각들이 바뀌어 버렸다. 이제는 명문대를 나와도 반드시 취업이 된다는 보장이 없으며, 흔들릴 리 없다고 여겼던 대다수의 재벌 기업도 IMF 외환위기 이후 많은 엘리트들을 구조 조정이라는 명목 하에 회사 밖으로 퇴출시킬 정도로 무력한 모습을 보여주었다.

 가장 안정적인 직장이라고 생각했던 은행마저도 부실경영으로 말미암아 은행 간의 합병, 기구 축소 등을 겪으면서 이런 환경 변화 속에 수많은 사람들이 직장을 잃었다.

이제는 우리나라도 선진외국과 같이 부자가 될 수 있는 사람은 사업가와 배우, 운동선수들이며 그 점에서 창업의 주요성이 재인식하게 되었다. 그렇다면 이제 50대는 무엇을 생각해야 할 것인가? 20-30대를 비롯한 젊은 세대와의 차이가 문제되는 것이 아니다. 지금은 전 사회적인 조직 내지 학력파괴라는 새로운 현실 문제에 어떻게 적응해야 할 것인가 하는 점이 절실한 문제다.

오히려 어쩌면 50대는 지금처럼 장래 예측이 불가능한 시대에서 자기류의 인생과 사업을 새로 개척하고 창업하는 데는 다른 어느 세대보다도 더 유리한 조건을 갖추고 있기도 하다. 또한 라이프 사이클(Life Cycle)의 변화로 인해서 평균수명이 증대되어 사회 활동기가 변화한 것도 생각해 두어야 한다. 교육을 받으며 성장기를 지나 25세 내지 30세가 되면 사회에 나가 대략 30년간 활동을 하고 60세가 되면 은퇴하여 여생을 보내는 것이 전통적인 과거의 라이프 사이클이었다.

그러나 오늘날 평균수명이 과거보다 약 20년이 증가되었고 그만큼 사회 활동 기간이 늘어났다. 그래서 이제부터는 위에서 말한 30년간의 긴 활동기를 1기와 2기로 나눌 수 있다. 이 활동 2기라는 것을 달리 말하면 인생의 후반전으로 2모작, 3모작이라 할 수 있겠다. 인생의 2모작, 즉 지금의 사람들은 활동 1기 후 곧장 노년기에 접어드는 것이 아니라 따로 골든 에이지(Golden Age)라는 것을 보내게 되는 시대가 되었다.

 그렇다면 50대는 시기적으로 인생의 제2의 시작이라고 할 수 있다. 사회 환경이 계속해서 변화해 나가고 있고 경우에 따라 자신은 더 이상 이 변화에 따라갈 수 없다고 생각하는 사람도 얼마든지 있겠지만, 반드시 그런 것은 아니다. 오히려 인생의 목표를 재설정하는 데는 50대의 나이가 더 적합하다.

 그러나 아쉬운 것은 50대에 대해서 사회가 냉소적으로 보고 있는 분위기에 자기도 모르게 또는 본인 스스로 휘말려서 당사자가 자신의 인생에 대한 가치관과 꿈을 펼쳐 볼 생각도 안 하고 포기한다는 것이다.

 더욱이 CORONA 위기를 호되게 경험한 우리 사회에 50대가 설 자리가 없어 보이는 것은 사실이다. 2030의 갓 나온 대학 출신 젊은이도 취업률이 졸업생의 4분의

1에도 미치지 못하는 현 상황에서 더군다나 구조조정의 열풍이 아직도 대기업 곳곳마다 남아 있어 50대의 운신의 폭은 갈수록 좁아지기만 하는 것 같다.

 50대가 사회 활동 전기라고 할 수 있는 30여 년 동안 알차게 쌓아 온 전문성과 경륜이 있다면 이를 사장시킬 것이 아니라 살려서 자기 개발을 함과 동시에 사회에 기여하는 것은 분명 불가능한 일이 아니다.
 물론 정보화 사회는 경제 환경이 급속히 변하여 과거와는 달라 학교를 졸업 후 취직하면 그 일에 적합한 교육을 새로 받아야하고, 새 일터에서 일하게 되면 다시 재교육을 받아야 하는 환경이 되었다. 다시 말하면 자신의 가치를 유지, 발전시키기 위해서는 50세 이상노장층도 계속 재충전을 해야 한다는 점을 잊어서는 안 될 것이다.

 50대의 무기는 역시 전문성과 사회경험이라고 볼 수 있다. 우선 인간성장기인 청소년 시기에 하고 싶어 했던 전공분야나 취미를 사회에 나가 약 30년 동안 활용하고 경험하고 시행착오를 겪으면서 연마된 자기 나름의 전문성을 갖춘 사람도 적지 않다.

예컨대 도예를 전공한 사람은 사회생활을 하는 동안 자신의 기예와 예술성을 더욱 발전시켜 이 연령에 다다랐을 때는 그 성숙도가 이미 상당한 경지에 도달해 있을 것이다.

반면에 학생시절에 하고 싶었던 일이나 전공과는 상관없이 사회에 나가서 전혀 다른 분야에서 30여년 일하다가 은퇴한 사람도 있을 수 있다. 그런 사람은 대개 사회생활을 하는 기간 동안 자기가 하고 싶은 일들을 제2의 전공이나 취미로 간직해 오는 데 그쳤을 것이다.

칼 손세마의 예를 보면, 그는 MIT를 나와 처음 리서치 엔지니어링(Research Engineering)을 담당하는 전문경영인으로 사회에 진출 했었으나 은퇴할 나이가 다가오면서 그는 기회가 되면 집에서 쉴 것이 아니라, 못다한 일을 자신이 개척해야 하겠다는 생각을 하였다. 그 이유는 자신이 연구한 업적으로 많은 특허출원을 했으나 자기에게는 돌아오는 소득이 없다는 것을 깨달았기 때문이다. 그런 후 우연한 기회에 참여한 프랑스 식품박람회에서 식품가공기계에 매료되어 미국 내 판매 ·

영업권을 계약하고 61세의 나이에 '키치니트'라는 식품기계회사와 "쿠킹(Cooking)"이라는 잡지를 창간하여 성공한 경우이다. 그는 자신의 전공을 살려 60세가 넘는 나이이지만 창업을 할 수 있었던 것이다.

 50대는 이제 스스로를 위한 일을 할 수 있는 시기이다. 그래서 이 기간을 황금기라고도 이야기하는 사람도 있다. 50대에 뜻을 세워서 이룩한 사람은 실로 부지기수이다.

 또 다른 경우에는 비록 전공을 발전시키지 못하더라도 50대에 퇴직하여 본격적인 자기 생을 찾기 시작했을 때, 그동안 사회에서 활동하는 기간에 타 분야에서 얻은 사회경험은 결국 플러스 요인이 될 수밖에 없다. 모든 분야에서 50대는 퇴출당할 만한 나이가 아니다. 심지어는 정치인 중에 이 나이에 뜻을 세워서 국가를 건설한 사람도 있다.

 이승만(李承晩)박사는 56세에 정계에 입문하여 대한민국의 초대 대통령이 되었다. 그리고 기업인 중에는 효성그룹을 창업한 조홍제(趙洪濟)회장 역시 56세에 자신의 사업을 시작하여 20여 년간 경영일선에서 부단히 사업을 일구어 오늘날의 효성(曉星)그룹, 한국 타이어 등을 이룩한 위대한 기업인이다.

50대는 이제 지는 해가 아니라 어떤 의미에서는 다시 떠오르는 해인 것이다. 이제 지는 해가 되느냐 다시 떠오르느냐 하는 것은 전적으로 자기 선택에 달렸지, 50대라고 해서 이 사회에서 퇴출 되어야 하는 것으로 간주되지는 않는다.

50대의 또 하나의 무기로 사회활동을 하는 동안에 이룩한 인간관계의 폭을 들 수 있다. 학교 동문관계, 직장 내에서의 동료, 그리고 비즈니스와 관련하여 알게 된 고객이나 생산 판매 등 여러 루트에서 알게 된 사람 혹은 자신의 일로 인해 안면을 가지게 된 정부 은행 관계 인사 등 다양한 인간관계가 모두 50대의 자산이다.

다만 이러한 풍부한 인맥도 자신의 목표가 뚜렷하고 경우에 따라서 창업 의욕이 있을 때 활용할 수 있다. 우리 사회에서는 명예퇴직 이후에 가까운 사람들을 통해서 재취업을 하는 경우도 많겠지만 그렇지 않은 경우라도 인맥은 자신이 뜻을 세워 일하고자 할 때 여러 가지로 협력자가 될 수도 있다.

 대학교수에서 특허 사업에 뛰어든 70대의 예를 들어 보자. 버논 클리블 박사는 나이 70세에 정년퇴직을 한 과학자이다. 그는 그 때까지 하던 대학교수직을 그만두고 자기가 일생 동안 개발해 온 금속과 급속을 연결하는 혐기성 접착제(嫌氣性 接着劑) 완성에 힘쓴 결과 열관리와 응고성(凝固性) 방지를 위한 공기 조절법에 성공하여 실용화 특허를 얻은 다음 창업에 나섰다.

 이때 그는 교수시절 평소에 가까이 지내던 동료교수들과 그의 제자들을 불러 모아 투자 설명회를 하고 이들에게 사업성을 인정받은 다음 출자해 줄 것을 요청했다. 이들에게서 11만 달러의 자본을 받아 창업을 할 수 있게 되었고 그 후 그는 '록타이트'라는 자신의 기업이 뉴욕 증권시장에 상장되어 우량 기업으로 인정받았으며 연간 수입은 2억 달러를 구가하는 등 크게 성공할 수 있었다.

 클리블 박사는 50대가 아닌 70대이지만 고령에 이를

때까지 창업 의욕을 버리지 않고 그간 관리해 온 소중한 인맥을 충분히 활용하여 사업에 성공한 사례인 것이다.

이태리의 소기업은 가업으로 아버지가 가장이면서 곧 회사의 사장이다. 나이 많은 아버지가 80대 노인이면서도 빨간 넥타이를 매고 작업장에 나와 젊은 여성들 틈에서 직접 옷을 재단하며 자신의 제품을 만들고 있는 장면을 쉽게 볼 수 있다.

실로 우리나라의 고개 숙인 50대 명예퇴직자와는 대조적인 모습이라 할 수 있다. 하지만 보도가 많이 되지 않을 뿐이지 우리나라도 이와 같이 현역에 있는 노장층이 적지 않다. 정신적인 연령에 비해 오히려 수량적인 연령은 자신의 사회 활동에 큰 문제가 되지 않는다.

우리는 50대 이후에 다시 시작하여 크게 성공한 인물 사례들을 접하고, 또한 고령의 나이에도 불구하고 경영 일선에서 황혼기에 열과 성을 다하는 기업인에게서 무한한 영감을 갖게 한다.

실패의 바닥에서 절망하지 않고 다시 시작해서 성공한 사람, 생계를 위해 어쩔 수 없는 선택이지만 그 속에서 의미를 발견하고 발전시킨 사람, 판에 박힌 삶만을 살다가 언제 죽을지 모르는 인생을 자신에게 의미 있는 것을 하면서 살다가 죽겠다며 멀쩡히 다니던 직장에 사표를 낸 사람, 젊은 시절부터 품었던 꿈을 이루기 위해 늦은 나이까지 노력하고 다시 도전한 사람, 사회에 무언가 공헌하고 싶어 뛰어든 사람.

이들의 이야기는 어쩌면 나와는 거리가 먼 드라마 같은 이야기로 다가올 지도 모른다. 하지만 이러한 일들은 우리와 같은 시대를 사는 사람들에게 일어났던 일이고 지금 우리에게도 가능한 일임을 강조하고 싶다.

단지 그들이 크게 성공하여 유명해졌기 때문에 그들을 소개하는 것은 아니다. 또한 그들의 성공을 본받기 위해서 그들을 소개하는 것도 아니다.

평범한 성공을 말한다면 그들의 사업은 성공할 수도 있고 실패할 수도 있다. 또 성공의 대로를 달려가다가 급작스레 실패할 수도 있고 또 그 반대의 경우도 있다.

그들은 엄밀히 말하면 성공한 사람이라고 말할 수 있는 근거가 없다는 것이다.

 하지만 여기서 보는 성공의 관점은 다르다. 성공은 돈을 얼마나 많이 벌고 또 얼마나 유명해 지느냐 하는 것만을 의미하지는 않는다. 남들이 알아주지 않는 작은 일을 하더라도 그 일속에서 참된 삶의 의미를 발견하고 또 인생의 목표를 이루며 산다면 그 사람은 성공한 사람인 것이다. 그런 의미에서 여기 소개된 사람들은 모두 성공한 사람들이고 우리들 또한 성공할 수 있다는 것이다.

 고개 숙인 50대들과 다른 그들만의 성공의 비결, 바로 목표의식과 용기를 소개하려는 것이다. 사람이면 누구나 경험하게 될지 모르는 절망과 실패 가운데에서 그리고 특히 고령이라는 장애물 앞에서도 굴하지 않고 직업의 귀천을 떠나 그들의 삶의 의미를 찾기 위해 일어서는 용기가 그들이 성공한 제일 큰 이유라고 본다.

 50대 이후에 창업하여 성공한 사람들의 이야기를 살펴보면서 그들의 상황에 내 상황을 대입해 보고 그들의 용기에 내 마음을 대입해 보면서 창업과 성공이라는 결과를 도출해 낼 수 있었으면 한다.

1. 91세 까지 경영 일선에서 노익장을 과시한 워렌 버핏

 올해 91세를 맞은 워렌 버핏은 아벨 부회장을 후계자로 임명하고 경영 일선에서 물러난다고 한다. 그는 부자임에도 불구하고 아침과 점심을 거의 햄버거로 대신하는 검소한 생활과 기업이윤을 사회에 환원하는 사회적 기업인으로 세계 3위의 부를 형성한 장수 기업인이다.

 무엇이 그를 이렇게 만들었을까?

 나이는 두 가지 개념이 있다. 하나는 커로너러지컬 에이지(chronological age), 숫자로 본 역연령과 인터렉츄얼 에이지(interllectial age) 지적인 연령이 있다. 20, 30대의 홍안의 노년이 있는가 하면 70, 80대의 백두의 청춘이 있다.

 최근 UN에서는 세대구분을 0세에서 17세까지를 미성년(minor), 18세에서 64세 까지를 청년(youth)으로 분류한 바 있다. 또한 65세에서 79세까지를 중년

(middle), 80세 부터 노인(old)으로 정의하였다.

이제 100세 시대를 여는 21세기에서 50대는 인생주기에서 중턱에 와 있는 청년이다.

버핏의 성장 과정을 보면 일찍 식당에서 혹은 가게에서 아르바이트를 하면서 저축과 주식에 눈을 떠서 스스로 돈을 벌어 왔다. 와튼 스쿨과 네브래스카 대학을 나온 후 그는 하버드 대학교 경영대학원에 지원했으나 떨어졌다고 한다. 하버드의 교수가 "당신은 하버드에 지원하기에는 너무 어리다"라고 한 일화가 있다. 버핏이 말하길 "난 하버드의 네임밸류, 즉 간판이 탐이 났던 것 같아. 하버드가 원하는 인재상이랑 나랑 맞지 않았던 것 같아. 반성해야지."라고 말했다고 한다.

하버드에 떨어진 후 컬럼비아 경영대학원에 입학하여 오늘날 대부호를 만드는데 힘이 된 인맥을 쌓게 되었다. 그는 자기 사업을 시작하면서 부모의 재정적 지원을 구하지 않고 자신의 노력으로 이루었다.

그는 컬럼비아에서 벤저민 그레이엄을 만난다. 그레이

엄은 필립 피셔와 함께 버핏에게 큰 영향을 준 인물이다. 본인 왈 "15%는 피셔에게, 85%는 그레이엄에게 영향을 받았다."고 한다. 만약 그 때 하버드에 바로 합격했다면 오늘날의 그는 없을 것이다. 주식투자에 관련된 서적 중에서 그레이엄과 피셔의 것을 능가하는 것은 아직 찾지 못했다고 한다.

네브래스카 오마하 출신으로 별명은 오마하의 현인(Oracle of Omaha)이다.《포브스》지에 따르면 2008년 10월 기준 그의 재산은 약 580억 달러로 세계 1위를 차지하였으며, 2010년 470억 달러로 3위를 기록하였다.

버핏이 투자하는 기업은 그의 기업철학과 일치하는 사업과 장기 경제성이 좋으며 경영진을 믿을 수 있고 인수 가격이 합리적인(margin of safety)기업이다.

버핏의 스승이었던 벤저민 그레이엄은 저평가된 주식을 매입하는 것을 중요하게 여겼다. 버핏은 추가적으로 좋은 기업의 주식이 저평가되어 있을 때 매입하는 것을 중요하게 여긴다고 알려져 있다.

미국의 신용등급은 AAA가 아니라 AAAA(실제로는 없는 등급)가 되어야 한다고 한다. 버핏은 미국에 대해서 무한한 신뢰를 보이고 있다. 버크셔 헤서웨이도 유보금은 전부 미국 국채를 매입하는 데에 쓴다고 한다.

2006년, 보유한 자신의 기업 주식의 99%를 자선단체와 사회에 환원한다고 했다. 그는 많은 사람들이 시간을 바쳐 남들을 돕고 있는데 자신의 전 재산의 99%보다 훨씬 더 값어치가 있다고 했다. 이러한 기업마인드가 나이를 초월한 의욕과 열정의 원천이 되었다고 본다.

2. 늦게 깨달은 - 만우(晩愚) 조홍제(趙洪濟)1)

창립 초기부터 15년간에 걸쳐 회사를 위해 몸 바쳐 일해 온 그가 회사를 떠날 때 그를 배웅 나온 사람은 불과 몇 명 되지 않았다. 집에 돌아온 그는 서재에서 여러 날 보내며 지난날을 회고 하다가 자신이 늦게 눈을 떴다는 것을 새삼 깨닫고 '늦게 깨달은 어리석은 사람이라'는 뜻으로 자신의 호를 만우라고 지었다.

효성물산을 창립한 조홍제 회장은 선비였던 아버지의 영향을 받아 강직한 성품과 훌륭한 인격을 두루 갖춘 사람이었다. 1926년 우리나라가 일제 치하에 있을 당시 6·10 독립만세운동을 주도한 죄로 기소되어 옥고를 치르기도 했다. 그리고 바로 그 이듬해 1927년에는 동맹 휴학을 일으켜 학교에서 퇴학당하기까지 한다. 퇴학 당한 후 그는 일본으로 유학을 가서 법정대학 경제학부에 들어간다.

---

1)　　　조홍제(1906~1984) : 경남 함안출신, 호는 만우(晩愚), 일본법정대 경제학부졸업, 1962년 (주)효성물산, 한국타이어 독립경영, 전경연 부회장 역임, 1976년 금탑산업훈장 수훈. 저서 : 『나의 회고』, 도서출판 고도
　　참고자료 : 『재벌의 뿌리』태창문화사, 『재벌회고』한국일보사, 『한국의 50대 재벌』경영능률연구소

그는 유학시절, 장차 우리나라가 산업근대화를 이룩하기 위하여 어떠한 일을 해야 할 것인가를 생각하면서 열심히 공부한, 민족정신이 투철한 학도였다. 동경법정대학을 졸업하고 귀국한 후에는 고향으로 돌아와 경상남도 군복금융조합의 조합장으로 일하면서 학생시절에 일제에 저항했던 그 정신으로 민족자본을 지키고 발전시키는 데 기여하였다.

이렇게 현장에서 경영 수업을 했다고 할 수 있는 그는 해방 후 경남 진양에 있는 지수초등학교[2]의 동창이던 이병철 회장과 함께 삼성물산의 경영에 참여하였다. 국가 경제를 위한 기업 활동을 본격적으로 시작한 셈이다.

그런데 제일제당의 사장직을 거치는 등 활발히 활동하던 그에게 인생의 대전환이라 할 만한 사건이 일어났

---

[2] 지수초등학교는 경상남도 진양군 지수면에 위치한 초등학교로서 산딸기가 무성한 약 백호정도의 아담한 동네에 있다. 그러나 이 학교가 유명한 것은 LG그룹을 설립한 고 구인회 회장, 그리고 구자경 회장, 금성사 회장을 지낸 허신구 회장, 그리고 이병철 삼성그룹 회장, 효성그룹을 이룩한 조홍제 회장 등이 이 학교 출신이기 때문이다.

다. 그의 나이가 막 56세가 되었을 때, 4·19혁명이 일어났다. 그리고 그 복잡한 환경 속에서 군사 정권에 의한 본격적인 경제 개발이 시작될 무렵 오랫동안 몸담았던 삼성을 떠나게 된 것이다.

현재 롯데 호텔이 서 있던 곳에 자리하고 있었던 반도호텔에서 그가 삼성을 떠나던 날 오후, 창립 초기부터 15년 간 회사만을 위해서 몸 바쳐 일한 그를 배웅 나온 사람은 불과 몇 명되지 않았다. 조홍제 회장이 회사를 위해 바친 노력에 비하면 지독한 푸대접이 아닐 수 없었다.

처량한 마음으로 어쩔 수 없이 집에 돌아온 그는 서재에서 여러 날 지난날을 돌이켜 보았다. 생각 할수록 억울하고 아쉬운 심정이었지만 여기서 주저앉는다는 것은 더더욱 슬픈 일이었다. 이제 어떻게 해야 하나? 그는 생각 중 커다란 깨달음을 얻고 좀 늦었지만 이제 처음부터 다시 시작해야겠다고 결심했다. 그런 후 그는 '늦게 깨달은 어리석은 사람'이라는 뜻으로 자신의 호를 만우(晩愚)라고 지었다. 그리고 삼성과의 미련을 버리고 독자적인 사업구상에 들어갔다.

조홍제 회장이 처음 시작한 사업은 제분업이었다. 예전부터 계속 주장했듯이, 한 나라의 식량을 외국에 자꾸 의존하게 되면 그만큼 독립성에 해를 입는다는 국가경제를 생각하면서 일제시대 조합에서 일했던 경험으로 시작한 제분사업은 다른 업체를 인수하고 순조롭게 나아갔다. 그러나 그는 곧 산업의 전환을 시도하였다.

한창 사업이 바쁜 중에도 조홍제 회장은 지금까지 발전해온 한국 경제의 형태를 관찰하며 향후 우리나라가 나가야 할 방향을 모색해 보았다. 그 결과 개발초기이던 당시에는 노동 집약적인 산업인 합판, 봉제, 가발 등의 제품이 수출의 주종을 이루었지만 앞으로는 보다 기간산업으로서 섬유, 자동차 관련 산업 등의 비중을 중시하게 될 것이란 결론이 도출되었다. 결론이 그렇게 나왔다면 주저할 것이 없었다.

"기업은 국가 발전의 토대 위에서 경영되어야 한다." 는 것이 그의 평소 소신이었고, 그가 사업 방향을 선회하여 효성물산과 한국타이어 등의 회사를 설립하고 독자적으로 운영하게 된 것은 당연한 일이었다.

늦게 깨달아 자기 기업을 일으키는데 만시지탄(晩時之歎)의 느낌이 있었지만 그는 오로지 국가 산업의 발전을 고려하고 젊은 시절부터 가진 국가에 기여할 수 있는 산업에 깊은 관심을 가지고 노년기에 젊은이 못지않게 사업에 불철주야 뛰어다녔다.

그가 홀로 서던 당시, 그의 나이 56세는 오늘날 환갑을 한참 넘은 노인보다 더 노년으로 여겨지던 황혼기의 나이였다. 1960년대에는 평균수명이 고작해야 60세에 불과하던 시기였지만 오늘날에는 평균수명인 78세를 훨씬 넘어 80에 가까운 고령시대인 것을 감안한다고 생각하면 그 시절 그 나이는 절대 적다고 볼 수 없는 노년기의 나이이다.

게다가 조홍제 회장은 이렇게 뒤늦게 자신의 사업을 시작한 후에도 21년이나 현역에서 일하였고, 1984년 신부전증으로 상망하기 불과 4년 전인 1980년까지도 75세라는 노령에도 불구하고 (주)효성 바스프를 설립하는 등 사업에 열정을 잃지 않고 끝까지 분투한 위대한 기업가이다.

오늘날 많은 50대가 IMF 외환위기 이후 대기업의 전문경영인이나 금융기관에서 명예퇴직 당한 후 사회로 쫓겨 나온 수많은 사람들이 좌절과 방황감에서 벗어나지 못하는 현실 사회와 한 번 비교해보자. 고 조홍제 회장이 56세에 자기 자신의 기업을 일으켜 여생을 모두 바쳐 오늘날 굴지의 재벌기업을 이룩한 사실과 아마도 그 바탕이 되었을 애국적인 기업가 정신을 음미하면 커다란 감동을 받음과 동시에 우리에게 시사하는 바가 적지 않다.

3. 미래를 예견한 노숙한 단안 -김향수(金向洙)

 쌓아온 경험과 지식을 젊은이들에게 쓸모 있는 조언(助言)으로 전달하면서, 나이를 탓하며 뒤로 물러난 삶을 사는 구세대에 게도 무언가 본보기가 되는 삶을 살고자 다짐하고 새로운 일에 뛰어들 결심을 했 던 것이다. 그는 인생의 환희와 기쁨은 일 속에 있다고 믿었다. 생명의 본질은 활동하지 휴식이 아니라고 주장한다.

 미국의 경제 잡지 포춘(Fortune)지의 2002년 2월28일자에서 10억 달러 이상 세계 500대 부자를 발표했다. 그 가운데 한국인이 네 명 포함되어 있었다. 우리나라에서 선정된 사람은 삼성의 이건희 회장, 롯데의 신격호 회장, 손정의(孫正義) 사장, 그리고 국내에서는 잘 알려져 있지 않은 '앰코 테크놀로지'의 김주진[3](미국명 James Kim) 회장이다.

 미국 펜실베이니아주 델라웨어밸리에 있는 반도체 패

---
3)　　　김주진 회장은 아남그룹 창업주 고 김향수 씨 장남으로 1968년 앰코 테크놀로지를 설립했으며 국내에 앰코코리아를 두고 있다.

키징 회사 '앰코 테크놀로지' 김주진 회장은 미국 400대 갑부에 5년 연속 선정되었다. 경제전문지 포브스 (2004년 9월 24일자)에 따르면 김 회장은 400대 갑부 명단에서 순자산 8억8000만 달러로 348위를 차지하면서 동포로는 유일하게 포함됐다.

김주진 회장은 고 김향수 회장의 자제가 되는 분이며 김향수 회장4)은 60세를 바라보는 나이에 반도체 사업을 착수하여 오늘의 아남전자를 이룩한 장본인이다.

아남전자의 김향수 회장은 50대 후반에 사업을 처음 시작한 것은 아니었지만 한동안 국회의원으로서 정치활동으로 인해 기업을 떠나 있던 사람이다. 하지만 4·19혁명이 일어나고 군사 정권이 수립되면서 국회가 해산될 당시 그는 정치가 아닌 기업 활동을 통하여 나라 경제를 회생시킴으로 보국하겠다는 신념으로 60세를 바라보는 나이에 재 창업에 몸을 던졌다.

---

4)　　　김향수(1912~2003) : 전 앰코테크놀로지코리아 명예회장, 전 아남반도체 명예회장, 전남 강진출신, 일본대 법과, 연세대 명예공학박사, 제 4대국회의원, 국내최초반도체 사업에 착수하여 1973년 아남전기창업, 금탑상업훈장 수훈.
　　　자서전 : 『작은 열쇠가 큰문을 연다』, 아남그룹홍보팀,1993

그는 먼저 일본에 건너가 시장 조사를 하면서 향후 우리나라에 발전시켜야 할 산업이 무엇인가를 면밀히 검토하였다. 그 당시만 하더라도 경제 개발 초기에 수출산업의 주종은 저렴한 노동력으로 임가공 한 가발과 같은 제품이었으나 앞으로 이러한 노동집약 산업 제품은 경쟁력을 잃게 되고 지식 내지 자본집약 산업으로 이전될 것을 예측했던 것이다.

당시 소문에 반도체는 트렁크 하나에 100만불 어치를 넣어 다닐 수 있는 엄청난 것으로 배한가득 실어도 기십만(幾十萬)불에 불과한 당시의 수출산업들과 차별성이 있는 산업인 점이 그의 관심을 끌었다. 당시 일본이 미국보다 10배 뒤쳐진 분야인 반도체, 일본에서도 생소한 그 분야를 개척해서 성공했을 때의 결과는 확실했다. 국가경쟁력이 있고 전망도 있는 미래지향적인 첨단산업을 고민하던 그에게 반도체 산업은 바로 해답이었던 것이다.

하지만 그 일은 쉽지만은 않았다. 그의 결정에 대해 주변 사람들은 재벌도 아니며 더구나 남들은 은퇴하는 고령(高齡)으로 하필이면 그렇게도 어려운 반도체를 선택하느냐며 염려를 표했다. 그의 자녀들 또한 극구 반대를 했다. 무엇 때문에 한국에서 어느 재벌급 기업도 시작해 본 적이 없는 반도체사업을 아무 지식도 없고 기술도 없는 사람이 그것도 예순 환갑을 바라보는 노년(老年)에 시작하느냐며 펄쩍 뛰었다고 한다. 그냥 자식들 봉양 받으며 편안한 노후를 맞이하라는 말이었다. 그의 반도체 사업에 대한 결정은 만나는 사람마다 걱정과 반대를 하게 하는 일이었다.

그도 그럴 것이 당시 반도체산업은 세게 점유율 100%였던 미국에서도 그 일에 종사한 사람들 안에서도 감을 잡을 수 없어 고민하는 산업이었다. 젊고 투지 만만한 몇몇 기업인을 제외하고는 모두 포기할 정도로 쉽지 않아 '크레이지 비즈니스(Crazy Business)'라고까지 불리는 산업이었다.

그는 사실 노후와 자녀들을 위해 몰래 은행에 맡겨둔 예치금에서 나오는 은행이자 만으로도 일을 하지 않고도 여생을 편히 지낼만한 재력(財力)이 있던 사람이었다. 그의 자식들 또한 교수, 박사 등 소위 잘나가는 중이었다. 그러나 그는 나이 핑계나 하면서 자식들에게 기대어 개인 삶의 안락만을 위해 무위도식(無爲徒食)한다는 사실을 스스로 용납할 수 없었던 것이다.

그는 자신이 한평생을 사업과 정치에서 쌓아온 경험과 지식을 젊은이들에게 쓸모 있는 조언(助言)으로 전달하면서, 나이를 탓하며 뒤로 물러난 삶을 사는 구세대에게도 무언가 본보기가 되는 삶을 살고자 다짐하고 새로운 일에 뛰어들 결심을 했던 것이다. 그는 인생의 환희와 기쁨은 일 속에 있다고 믿었다. 생명의 본질은 활동이지 휴식이 아니라고 주장한다.

결국 그는 그 산업에 본격적으로 뛰어들었고 오늘의 아남반도체를 만들어 낸 것이다. 훗날 평범한 사업가로 한 때 국회의원을 지낸 사람으로 자신을 기억하는 것보다 첨단산업에 대한 웅지(雄志)를 품고 우리나라 최초로 반도체 산업을 성공시킨 역사에 남는 사람으로 기억되고자 하는 비전이 있었고 그는 그 비전을 감당할 만큼의 엄청난 노력을 쏟아 부었던 것이다.

자금을 구하기 위해 여기저기 뛰어다녔고 또 작은 먼

지에도 예민한 반도체공장을 만들기 위해 온갖 노력을 다 기울였다. 그리고 1968년 그는 아남산업의 사업 목적에 전자 부품 제조업을 추가하였고 본격적인 일을 시작했다. 생산 시설물까지 도입하고 공장가동을 준비했다.

하지만 연구개발, 제품생산, 수출시장 확보 등에 뭐 하나 빠진 것 없이 애로사항이 산적해 있었다. 하지만 역시 수주(受注)를 따내는 일부터 쉽지 않았다. 간단한 가공 물건을 싼 노동력을 바탕으로 만들어 팔던 조그만 나라에서 기술 집약 제품인 반도체를 만든다는 것을 쉽게 믿고 주문을 해줄 리가 만무한 일이었다. 영구, 일본 등의 선진국에게도 일감을 주지 않는 상황에서 한국의 기업가를 상대할 고객은 없었다.

주변의 반대와 불가능이라는 말들이 그대로인 것 같았다. 벼랑 끝에 선 심정으로 인내심이 바닥나는 상황 가운데 견디고 있었다. 한 때는 자살까지 생각할 정도였다고 한다.

바로 그 때 빌라노바 대학 부교수로 종신 교수 자격까

지 얻었던 장남이 그 자리를 포기하고 그의 사업의 파트너로 뛰어들었다. 반도체에 대해 초보이기는 마찬가지였지만 그들은 열정과 인내로 이 일을 시작했다. 이들 부자(父子)와 외국에서 근무한 경력이 있는 초창기 멤버들의 노력은 결국 첫 수주 받은 물품의 '제품 Excellent' 라는 회신과 함께 이 땅에 최초로 반도체의 문을 열게 되었다. 정부와 국내 재벌의 본격적인 참여가 있기 15년 전부터 이 땅에 반도체의 뿌리를 내리게 된 것이다.

이제 아남전자는 70년대 초부터 지금까지 국내 반도체와 전자산업을 자극하고 발전시키는 굴지의 기업이 되었으며 또 이 분야의 기능공과 엔지니어를 배출하는 양성소(養成所)가 되었다.

아남그룹의 사시(社是)는 '하면 된다. 창의와 집념으로 세계 속의 아남(亞南)을 더욱 빛내어, 민족번영과 국제우호 증진의 역군이 되자' 이다. 그가 지녔던 집념(執念)과 열의(熱意), 그리고 인내(忍耐)는 그와 아남의 성공 기반이기도 하지만 세상만사에 대한 성공의 열쇠인 것이다.

4. 앉아서 늙어 녹스는 것 보다 열심히 뛰는 것이 낫다 - 커넬 선더스[5](Colonel Sanders)

그는 더 이상 잃을 것이 없을 정도로 인생의 쓴맛을 골고루 다 맛보았다. 그가 항상 자신에게 하는 말은 '앉아 서 늙어 녹스는 것보다 열심히 뛰는 것이 낫다'는 것이었다. 그는 그런 생각으로 60세에 인생의 마지막 도전장을 냈다.

세계 어느 도시에서나 번화한 거리를 걸어가다 보면 마치 산타클로스처럼 하얀 수염을 기른 할아버지가 식당 앞에서 환영하듯이 양손을 내밀고 있는 마네킹을 보게 된다. 이 마네킹이 서 있는 뒤에는 KFC(켄터키 프라이드 치킨) 마크가 붙은 체인점이 세워져 있다.

미국 뿐 아니라 전세계 82개국의 나라에서 판매되고 있는 KFC! 바로 이 마네킹은 60세의 나이에 치킨 체인점 사업에 도전하여 세계적인 브랜드, 켄터키 프라이

---

[5] 커넬 선더스(Colonel H. Sanders:1890~1980) : 작은 레스토랑에서 시작하여 미국 패스트푸드업계의 선구자가 된 KFC의 창립자 참조 : KFC 홈페이지 www.kfckorea.com

드 치킨(KFC) 체인점의 원조가 된 커넬 선더스의 모습을 상상한 것이다.

 선더스 씨는 유년기와 청년기에 여러 곳에서 일을 하면서 어려움을 겪으며 많은 경험을 쌓았던 사람이다. 그는 6세 때 아버지를 잃고 가난하여 소년 가장이 되어 동생들을 돌보며 집안일을 맡아 하면서 요리에 능숙하게 되었다.

 하지만 정규적인 공부를 하지 못하고 타이어 판매원 등 여러 직업을 전전하며 생계를 이어간다. 그러다가 어느 제빵 공장에서 일을 할 기회가 생겼는데 그것이 그가 사회에 처음으로 식품과 관계를 맺게 되는 인연이 된다.

 그러나 그는 그 식품회사의 일자리를 떠나 철도에 취직을 하게 되고 철도 소방원으로 일을 하면서 얼마간의 기간을 보냈다. 그리고 또다시 그 직장을 그만 두고 이번에는 보험회사의 외판사원 일을 하면서 가정을 꾸려 나갔다. 그러나 그것마저도 계속하지 못하고 그만둔 후, 이번에는 편의점이 딸린 주유소를 운영하면서 자동

차 세차 서비스를 하며 지냈다. 이렇게 여러 가지 직업을 거쳤지만 하나도 제대로 이루지 못했던 그는 결국 주유소 운영마저 실패하고 말았다.

이렇게 어린 시절부터 그는 어떤 직장에도 오래 지속해서 있지 못했고 어떤 장사를 시도해도 성공하지 못하는 낙오자가 되어 깊은 좌절에 빠졌다. 그렇지만 그는 좌절의 밑바닥에서 신앙을 가지고 남에게 봉사하는 자세로 살겠다고 단단히 마음먹고 다시 일어나겠다는 결심을 하고 일어섰다.

이번에 그는 1930년 켄터키 주(州) 코빈에 있는 주유소에서 일하면서 여행객을 위한 음식을 만드는 일부터 시작하였다. 그가 레스토랑을 운영한 것이 아니라 주유소 내의 식탁에 음식을 제공한 것이었다.

그러자 선더스의 음식을 좋아하게 된 사람들은 점점 모여들었고 선더스는 주유소 건너편에 142명이 앉을 수 있는 레스토랑으로 자리를 옮겼다. 그 후 10년 동안 11가지 독특한 맛의 치킨 양념을 완성시켰으며, 그 비법은 오늘날까지도 유지되어 오고 있다.

이미 중년의 나이가 되어 켄터키 주에 새로 연 레스토랑에서 치킨을 만들어 팔던 그는 웬일인지 이번엔 점차 평판을 얻어서 음식점을 소개하는 잡지에 실리는 등 좋은 일만 반복되어 생애 최초로 사업에 성공하는가 싶었다.

심지어 커넬이라는 그의 이름도 켄터키 주의 대표적인 요리로 그의 치킨이 유명해진 데에 대한 감사의 표시로 주지사가 수여한 명예 대령(Colonel) 칭호였다.

하지만 그의 사업이 성공의 길만을 걸었던 것은 아니다. 그 지방의 도로 계획으로 인해 이번에는 최대의 공급처였던 식당이 도로 계획으로 인해 국도 변에 있던 좋은 상가 위치에서 밀려나게 되어 식당을 도리 없이 경매에 넘겼다.

그는 완전히 인생의 실패자로 낙인이 찍히고 한때 정신질환까지 앓게 되어 사회보장 기금 105달러로 생활을 이어가는 처지에 놓여 절망에 허덕이게 되었다. 60대에 막 들어선 그는 더 이상 잃을 것이 없을 정도로 인생의 쓴맛을 골고루 다 맛보았다. 그러나 그에게 후회는 없었다. 그가 항상 자신에게 하는 말은 '앉아 늙어 가면서 녹스는 것 보다 열심히 뛰는 것이 낫다'는 것 이었다. 그는 그런 생각으로 60세에 인생의 마지막 도전장을 냈다.

주변에서는 "돌았다" 혹은 "몽상가이다"라고 많은 말들로 그를 질타했지만 그는 아랑곳없이 이것이 나의 막차라고 결단을 내렸다. 게다가 그는 식당을 경영하면서 자신이 개발해낸 11가지 독특한 양념의 프라이드 치킨에 일종의 자부심을 가지고 있었고 이 좋은 음식이 사장된다는 것이 안타까웠다.

그는 곧 부인과 함께 전국을 순회하면서 요리사나 경영자들에게 자신이 만든 켄터키 프라이드 치킨을 직접 먹여 보이면서 닭 한 마리당 5센트의 로열티를 받고 전국의 레스토랑에 그의 치킨을 전파시켰다. 켄터키 프라이드 치킨의 맛을 좋아하는 사람은 적지 않았고 계약은 순조로웠다.

그래서 십여 년 후에는 미국과 캐나다에 600개 이상

의 프랜차이즈 매장을 이룩하게 되었다. 그의 경영 목표는 품질, 서비스, 청결의 세 가지를 충실히 지켜 나가며 실패를 거듭하면서도 인생의 막판까지 도전을 멈추지 않았던 선더스 씨는 이렇게 거대한 켄터키 프라이드 치킨 체인화를 이뤄내게 된 것이다.

그는 먹는 즐거움을 모두에게 제공하는 것이 그의 사명이라고 믿었다. 바로 이 사람이 60대의 나이로 고작 105달러의 사회보장기금과 자신의 요리에 대한 긍지, 그리고 부단한 용기를 자본 삼아 프라이드 치킨 프랜차이즈를 세계 무대로 성장시킨 KFC 신화의 주인공이다.

5. 52세에 맥도날드에 뛰어든 - 레이몬드 앨버트 크록6)(Raymond Albert Kroc)

세계 120여개의 나라, 29,000여 매장을 지닌 햄버거 왕국 - 맥도날드! 그러한 맥도날드의 역사는 1955년 믹서 판매업자인 레이 크록(Ray A. Kroc)이 52세의 나이에 딕 맥도날드와 맥 맥도날드 형제를 방문, 프랜차이즈 판매권을 사들여 공동경영에 나선 것으로부터 시작되었다.

레이 크록은 어려운 집안 사정으로 인해 고등학교를 중퇴하고 15세 때부터 식당에서 피아노연주를 하면서 생활을 꾸려나갔다. 그러던 어느 날 그 식당에 종이컵을 배달하는 사람을 알게 되고 자신도 무언가 한곳에 일하는 것보다는 여러 곳에 다니며 일하는 것이 적성에 맞다고 생각하고 세일즈의 길에 뛰어들었다.

사실 그는 소년시절 견문을 넓히고자 적십자단원으로

---

6)   레이 크록(Ray A. Kroc 1902~1984) : 캘리포니아의 한 햄버거 가게를 세계적인 기업으로 만든 맥도날드의 창시자
참조 : 맥도날드홈페이지 http://mcdonalds.co.kr

활동하기도 했다. 그는 자신의 적성을 바로 알고 있었던 것이다.

 자신의 돈과 집을 저당 잡혀 자금을 만들어 밀크 쉐이크를 만드는 '멀티믹서'라는 기계를 식당에 납품하는 일을 하고 있었다. 그러던 어느 날 그는 캘리포니아에 있는 맥도날드 레스토랑은 다른 식당과 달리 한번에 8개의 멀티믹서를 사용한다는 이야기를 듣고 그곳에 물건을 납품하고자 방문하게 되었다.

 그가 찾았던 식당은 음식의 질과 풍부한 양, 저렴한 가격, **빠른** 속도, 깨끗한 주방으로 캘리포니아 일대에서 소문이 난 식당이었다. 레이 크록은 식당을 보자마자 이 사업이 해볼 만한 사업임을 확신했다.

 그리고는 멀티 믹서 판매 보다는 맥도날드 체인을 전국적으로 확대하는 판매회사가 더 낫다고 판단하여 맥도날드 체인을 전국적으로 확대하는 판매회사가 더 낫다고 판단하여 맥도날드 형제를 설득하여 프랜차이즈 영업권을 따냈다. 1955년 맥도날드 시스템(Mcdonald's Inc.)을 설립하여 본격적으로 맥도날드 프랜차이즈 사업에 뛰어들었다. 그 때 그의 나이가 52세였다.

그가 전국적인 체인망을 설치하는데 성공할 수 있었던 이유 중에 하나는 맥도날드가 보유하고 있던 남다른 햄버거 사업의 특성 때문이었다. 즉, 햄버거 사업에 적극적으로 채택한 분업방식의 인상적인 효율성과 획일성, 그리고 **빠른** 속도이다.

당시 맥도날드 레스토랑은 독특한 맛과 서비스 , 신속한 판매 등으로 많은 손님을 확보하고 있었다. 하지만 레이 크록이 없었다면 아마 맥도날드는 단지 하나의 레스토랑에 불과 했을지도 모른다. 전 세계에 확산되어 있는 지금의 맥도날드 체인점은 맥도날드 형제들이 본점의 영업에만 신경 쓸 뿐 사업의 확장에는 별 관심이 없었을 때 프랜차이즈 사업에 뛰어든 레이 크록의 철저한 세일즈 정신에 기인한 것이다.

그는 전국을 뛰어다니며 맥도날드 매장을 열었고 철저한 품질관리로 성공을 거두었다. 레이 크록은 자신의 30년간의 세일즈 경험으로 프랜차이즈 체인점들에 대한 경영에 혁신을 일으킨 것이다. 맥도날드는 전국 어느 지점에서도 같은 양, 같은 맛, 같은 가격에 판매되었다. 이는 대부분 레이 크록이 도입한 여러 가지 표준화 기계들, 이를테면 일정한 시간동안 감자튀김을 구워주는 기계, 적당한 양의 음료수가 컵에 담기면 저절로 멈추는 기계 등과 그 자신이 지점들을 관리하는 경영방침의 덕이었다.

그는 한편으로는 가맹비를 많이 받지 않고 대신 매출액의 1.9%를 내게 함으로써 수익유지와 함께 가맹점의 부담을 줄이는 방법을 취했다. 그리고 가맹점의 창의성 보장과 아이디어를 수용하여 새로운 메뉴를 개발하는 등의 유연성도 발휘했다.

그가 종업원들에 대해 한 말에서 평소 그의 사업 방침을 볼 수 있다. "당신을 위해 일하는 사람들을 잘 보살펴 주세요. 그들이 어떤 일을 이루었을 때 크게 칭찬하세요"

52세라는 적지 않은 나이에 유일한 재산인 집을 저당잡힌 지금으로 시작했던 자기의 사업을 정리할 정도의 과감성을 발휘하며 새로운 사업에 뛰어들어, 수십년 동안 쌓아온 세일즈 기술을 유용하게 사용하여 결국은 크게 성공한 레이 크록, 그는 은퇴할 때 79세였다.

6. 늦었다고 생각한 때가 바로 시작할 때이다.
- 코리아나 화장품 창업주 유상옥(兪相玉)7)

 남들이 55세가 되어 은퇴 이후 조용히 여생을 보낼 시기에 그는 경합이 심한 화장품업계에 투신하여 작은 사무실에서 전화 두 대, 영업사원 5명으로 시작하여 현재 코리아나 화장품을 Top 3에 올려놓은 사람이다.

 유상옥 회장은 1933년 충청남도 오지인 청양에서 출생하여 일찍이 서울로 상경하였다. 처음에는 안정적인 은행원이 될 생각으로 덕수상고에 들어갔다고 한다. 그러나 지금 그는 고대 상과를 졸업하고 박사 학위까지 취득한 학구파이며 공인회계사 자격증도 소지하고 있는 엘리트 기업인으로 확고히 자리를 굳힌 상태다.

 그는 대학졸업 후 원래 생각했던 은행이 아니라 동아제약 첫 공채인 1기로 입사하였다. 하지만 그 당시는

---

7)　　유상옥 (1933~) : 충남 청양출신, 덕수상고, 고대 상대, 경영대학원 졸업-경영학 박사, 공인회계사. 동아제약(주) 공채입사 상무이사 역임, 라미화장품(주)대표이사 사장 역임, 現 (주) 코리아나 화장품 대표이사 회장. 저서 :『33에 나서 55에 서다』삶과 꿈,『60에도 회장을 한다』참조 : http://www.yusangok.pe.kr

나라 상황이 워낙 안 좋았기 때문에 그나마 취직이라도 한 것이 다행인 때였다. 불평할 여유도 없이 일하던 그는 동아제약에서 남다른 진취성과 노력으로 일찍이 두각을 나타낸 덕분에 사장의 눈에 띄어 빠른 출세 길을 걸을 수 있었다.

여러 중역 자리를 거치면서 드러난 그의 능력에 주목한 사장은 어느 날 동아 제약의 자회사인 라미 화장품의 대표 이사직을 맡겼다. 동아 제약이 사들여 놓고 경영부진으로 적자를 거듭하고 있던 라미 화장품을 유상옥 회장의 힘으로 일으켜 보라는 것이다.

그가 이사직을 맡은 후 살펴 본 결과 라미 화장품의 재정 상태는 상상외로 나빴다. 하지만 사원들의 힘을 북돋워 주고 일할 분위기부터 만드는 사려 깊은 경영 방식과 사원 모두의 이름으로 개인 대출을 받는 등 적극적인 행동력을 바탕으로 그는 라미 화장품을 흑자 기업으로 만드는데 성공한다. 거의 기적 같은 일이었다.

10여 년 동안 자기 힘을 일으켜 세운 라미 화장품의 대표 이사로 계속 재직해 오던 그에게 첫 시련이 닥쳐

온다. 노사분규였다. 개인으로서는 사원들을 위해 작업 환경에 신경 쓰는 등 여러 가지 처우 개선에 노력해 왔지만 회사 오너의 사고방식은 달랐다. 결국 노사분규는 사원들과 그 사이에서 상당히 원만하게 해결이 되었으나 오너에게 이러한 결과는 그의 실책으로 보였던 모양이다. "이제 좀 쉬지"라는 말과 함께 그는 한직이었던 동아 유리공업의 대표 이사 자리로 밀려나게 되었다.

동아 유리공업은 동아 제약의 효자 상품인 박카스의 병을 만드는 회사였다. 어떻게 보면 편한 자리이기는 했지만 이미 판로와 생산라인이 다 고정되어 있어 딱히 할 일이 없는 한직이기도 했다.

그는 이 회사 안에서 자신이 할 만한 일을 열심히 찾아보았지만, 도저히 자신의 경영 능력을 발휘할 만한 여지가 보이지 않는 데에 절망을 금할 수 없었다. 갑자기 할 일이 없어진 것을 견디지 못했던 그는 그 스트레스로 신경성 위염 판정까지 받고 결국 그 직장을 떠나 자신이 자유로이 일 할 수 있는 기업을 만들기로 결심하였다. 그리고 곧 동아 유리공업을 사직했다.

사표를 낸 그가 창업을 한다고 하자 주위 사람들은 하나 같이 그를 말렸다. 30년간 회사에서 월급 받으며 살아온 월급쟁이에게 너무 무모한 짓이라는 것이었다. 받은 퇴직금을 가지고 편안하게 여생을 보내는 것이 훨씬 낫지 않느냐는 얘기들이 대부분의 의견이었다.

하지만 동아 유리공업을 시작한 1987년 가을부터 이듬해 가을까지 외롭게 일 년을 보내면서 그는 새로 깨달은 것이 있었다. "내가 이렇게 일을 하고 싶어 하는 것은 아직 할 일이 남아 있다는 것이다. 나는 일꾼이다. 일이 주어지지 않으면 스스로 일을 찾아 나서자."

마침내 주위의 만류에도 불구하고 그는 창업을 통해 제2의 인생을 설계하기 시작했다. 이때부터 그에게는 힘든 시간이 기다리고 있었다. 하지만 이 기간이 있었기에 오늘날의 코리아나 화장품이 존재할 수 있었다고 그는 회고한다.

창업을 하려면 우선 중요한 것은 사업할 아이템의 선정이었다. 자신이 가장 잘 할 수 있는 것이 무엇일까? 그는 다 쓰러져 가는 상태에서 사원들과 일심동체가 되어 일으켜 세운 라미 화장품의 기억을 지울 수 없었다. 화장품 사업은 자신이 10년이나 몸담아 왔던 사업이었다. 하지만 이 때 화장품 사업체는 이미 국내에도 상당히 여러 개가 활동하고 있어서 틈새 사업도 아니었다.

궁하면 통한다고 했던가? 마침 그에게 좋은 기회가 찾아왔으니 87년 겨울, 세계적인 화장품 메이커인 이브 로셰(Yves Rocher)와 합작하는 것이 어떻겠냐는 제의를 받게 된 것이다. 그리고 다음해 프랑스 본사로 찾아가 그간의 경영 경험을 살려 짠 사업계획을 담당자 앞에서 열정적으로 설명하고, 총대리점 계약서에 서명을 받아 내었다. 함께 경쟁을 벌였던 국내 유수의 기업들을 모두 따돌리고 맨손으로 얻어낸 계약이었다.

남들이 은퇴 이후 조용히 여생을 보낼 궁리를 할 나이에 55세에 이렇게 막 자기 사업을 들어서고 있었다. 보따리장수로 오인 받는 해프닝까지 겪으면서 이브 로셰가 한국에 뿌리내리는 데 열심히 일했던 그는 마침내 같은 해 늦가을, 작은 사무실에 전화 두 대, 영업 사원 5명을 두고 자신의 기업체 코리아나 화장품을 창업했다.

일할 기회를 잃게 된 위기를 창업을 통해 새로운 인생을 시작하는 기회로 바꾼 셈이다.

이브 로셰 대리점 일은 어디까지나 외국의 물건을 수입해서 파는 일이었다. 하지만 유 회장은 그런 장사보다는 직접 제품을 개발해 판매하는 제조업을 기반으로 한 사업체를 만들고 싶었다. 이 생각은 코리아나를 설립하고부터 더욱 강해졌다. 그래서 그는 자신의 퇴직금 전부와 주변 친지들의 자금, 그리고 중소기업 창업 차관 등을 구하여 어려움 끝에 마련한 자금을 공장 지을 땅을 사는 데 투입했다.

이렇게 힘들게 산 땅인데 당연히 부지 선정도 대충할 리가 없다. 화장품의 거대 소비 시장인 서울에서 가까우면서도 땅값이 비교적 안정되고, 공장 간판을 세울 때 많은 사람이 볼 수 있는 곳이라는 입지조건을 고려하여 경부고속도로에서 인접하고 지하수 공급 등의 배후 조건이 양호한 곳을 고민 끝에 찾아 천안에 공장이 건축 되었다.

2년여만의 노력 끝에 공장이 완성되자, 화장품의 미적 감각과 어울리며 직원들의 작업환경을 고려한 정책으로 공장 주변에 향나무, 은행나무, 소나무 등을 심어 공장 주변 환경을 아름답게 만들었다.

  그리고 후발업체로서 끊임없는 기술개발을 통한 최고의 품질과 최고 마케팅, 그리고 내실 경영으로 코리아나를 발전시켰다. 시설에 지원을 아끼지 않고 최신 설비를 갖춘 화장품 연구소를 설치하여 제품의 완벽을 기하였다. 제품 개발과 동시에 판매 사원들에게는 '미의 설계사'라는 자부심을 가지고 일할 수 있게 노력했다. 이런 과정 속에서 코리아나는 창립 10여년 만에 한국의 최고 수준의 화장품 메이커로 우뚝 설 수 있게 되었던 것이다.

  그러나 다시 큰 위기가 닥쳐왔다. 한반도를 강타한 IMF 외환 위기가 코리아나라고 그냥 지나가지는 않았다. 설립 초기부터 코리아나의 대주주이면서 동업관계를 유지해 오던 웅진 그룹의 윤석금 회장이 IMF 한파를 견디지 못하고 몇 개 업체를 정리하면서 코리아나도 매각하자고 제안했던 것이다.

매각 제안을 수용할 수밖에 없는 상황이었다. 외국 회사를 상대로 기업을 내 놓고 코리아나의 매각 계약서가 작성되는 데는 많은 시간이 걸리지 않았다. 그만큼 외부에서 보기에도 가치가 있는 기업이었던 것이다.

하지만 계약 체결을 눈앞에 두고 유 회장은 사인을 거부했다. 자신의 경영권도 보장해 주지 않는데다가 이렇게 허무하게 외국에 넘기기 싫다는 것이 이유였다. 결국 외국 회사로의 매각은 취소되었다고 국내에서 투자자를 찾게 되어 유상옥 회장의 경영권을 보장하면서도 외국 회사와 같은 가격을 주겠다는 투자자를 만나게 되었다. 단, 조건 하나가 달려 있었다. 코리아나를 코스닥에 등록시키라는 것이었다.

일단 코리아나 최대의 위기는 극복된 셈이었다. 그리고 주주들과의 약속도 지켜 코스닥 시장에 상장된 코리아나는 수익성 있는 기업으로 2001년 현재 총매출이 자회사 레미트 화장품과 아트피아 화장품을 포함하여 4,600억원에 달하는 우량기업으로 발전했다. 여기에 유상옥 회장의 노력이 무한히 녹아 있음은 굳이 말할 것도 없다.

그 결과 그는 화장품 공업협회 회장직을 맡아 우리나라 화장품 발전에 기여하는 유능한 경영인으로 인정도 받았으며 지난 98년에는 창업 10년 만에 국민훈장모란장을 받기까지 했다.

전문경영인 시절의 경영수완, 지식, 인맥, 그리고 제 2의 인생에 대한 열정을 총동원하여 오늘날 자기의 기업을 우뚝 세운 것이다.

IMF 이후 대기업에서 중역으로 재직하던 많은 사람들이 은퇴 이후 자신의 일이 없어 손 놓고 아쉬워만 하는 경우를 많이 볼 수 있다. 이럴 때 유상옥 회장의 창업 일화는 감동과 새로운 용기를 주는 자극제가 될 것이다.

7. 50대에 경영연수원(METIZO)을 설립하여 대성한 자기기업화(Enterprise of Self)의 저자 - 보브 오브리(Bob Aubrey)[8]

보브 오브리는 미국에서 태어나 프랑스 파리로 이민와서 유럽과 아시아 등지에서 활약하고 있는 세계적인경영학자이며 컨설턴트이다. 그는 51세가 되었을 때 자신의 기업(Enterprise of self)을 이룩하겠다는 결심을 하고 회사를 설립하였다.

그는 12살 어린 나이에 아버지를 잃고 일찍부터 스스로의 힘으로 개척하며 살아야 했다. 가난한 와중에도 학업을 포기하지 않고 독일의 외국어 학교에서 지금의 아내를 만나 돈 한 푼 없이 변변한 직업 하나 없이 프랑스로 건너와 결혼하게 되었다.

이 때 주머니에는 겨우 200달러밖에 없었고, 오히려 캘리포니아 대학 재학 당시 학비로 빌린 대여 장학금

---

8)   보브 오브리 : 캘리포니아 대학, 파리대학교 박사, 미국에서 태어나 프랑스에서 거주하면서 유럽과 아시아 등지에서 활약하고 있는 세계적인 컨설턴트, 저서 : 『단한번의 인생 이렇게 산다』, 경연사, 2002

8,000달러가 부채로 남아 있는 처지였다. 하지만 파리 대학에서 철학 공부를 계속하고 싶었기 때문에, 밤에도 휴일에도 쉴 틈 없이 돈을 벌어야만 했다.

 파리 대학에서 철학 공부를 하고 있을 당시 그는 '호구지책을 택해 평범한 가장으로 생활하며 지낼 것인가?' 아니면 '험난한 길이지만 학문을 계속해야 할 것인가?' 하는 선택의 기로에서 소외감과 고독감으로 괴로웠지만 좁은 문을 택해 면학에 정진했다.

 학업을 마치고 그는 특유의 개척정신과 모험심을 발휘하여 그 당시 잘 알려지지 않았던 전문적인 경영컨설턴트로 사회에 진출하였다.

 그는 세계적인 컨설턴트가 되었지만 이 직업으로서는 앞으로 30년, 노후에 달할 때까지 일하는 데에는 한계가 있다고 느꼈다. 그리고 51세가 되었을 때 자신의 기업(Enterprise of self)을 이룩하겠다는 결심을 하고 회사를 설립하였다.

 메티조(Metizo)라는 이 교육기관은 본사를 런던에 두고 중동 바레인과 중국 북경에 교육기관을 설치하여 연수대상은 17~25세까지의 청소년으로 장래 경영인이 되고자하는 학생이나, 혹은 자기 개발을 통해서 미래에 창의적인 활동을 하고자하는 의욕적인 노장년층을 대상으로 하고 있다. 이 기관은 오늘날 학교기관에서 다하지 못하고 가정교육에서도 부족한 전인교육의 함양을 위해서 실시하고 있는 가장 이상적인 청소년 수련도장이다. 교육내용을 보면 다음과 같다.

메티조는 대학생 및 성인을 대상으로 거주하면서 공부하는 교육프로그램을 제공한다. 메티조는 기숙사와 교육프로그램을 통합한 최초의 기업이다.

메티조의 교육과정의 핵심은 대학생을 대상으로 하는 3년제 교육과정인 오디세이(Odyssey)이다. 학생들은 정규적인 학업과 병행하여 이 과정을 이수한다. 오디세이는 전인적 교육이라는 개념 하에 개인적 발전, 국제적 연구의 준비, 학업에서 직장에의 성공적인 이행을 위한 고용 가능한 기술의 취득 등 다양한 배움의 창을 제공한다.

메티조는 다른 연령계층을 대상으로 하는 발전과정도

있다. 예컨대 퀘스트(Quest)는 대학시험 준비생을 위한 것이고, 리더(Leader)는 청장년층, 마스터(Master)는 중년층, 멘터(Mentor)는 46세~75세의 연령층을 위한 것이다.

또한 그는 이와 관련된 저술활동을 펴서 『지식의 탐구』라는 저술을 통해 프랑스에서 경제저술 대상을 받은 바 있다. 그는 오늘 날과 같이 세계적으로 대기업의 구조조정으로 인한 퇴출자가 대량으로 발생하고 50대 중년에 실업자가 되는 시대에 과거와 같이 기업이나 조직에 일생을 맡기는 시대는 지나고 자기 자신의 기업을 이루어야 한다고 주장하고 있다.

보브 오브리에 의하면 급변하고 있는 현대 사회에서 개인의 책임은 다음의 중국 격언을 잘 생각해 보면 쉽게 이해가 갈 것이라고 한다.

"사람에게 생선을 주면 하루를 살게 해 주고 생선을 잡는 법을 가르쳐주면 평생을 살게 해 준다."

20세기에 발원한 사회보장제도는 사람들에게 단지 생

선만을 주었지만 오늘날의 사회정책은 열린 노동시장이라는 시내, 강, 바다에서 자신이 고기를 낚을 수 있는 방법을 배우는 데 초점이 맞추어져야 한다는 것이다.

미국에서는 항상 자기 기업에 가치를 두어 왔지만, 공장 노동자들, 서비스 종업원들, 화이트칼라 노동자들, 그리고 경영인 까지도 자신의 능력으로 스스로 고용창출을 이루겠다는 준비가 되어 있지 않았다.

그러나 1980년대 이후 구조조정의 열풍 속에서 우리 세대의 사람들은 기업도 정부도, 실업을 책임져 줄 수 없다는 사실을 어렵게 받아들여야만 했다.

이렇게 해서 최근에 '자기 기업'이라는 말은 자영업, 자택에서 일하는 사람, 소호(SOHO)로 일하는 사람, 프리랜서, 그리고 프로로서 활동하는 사람을 통칭하는 말로 고용의 새로운 조류로 자리 잡게 되었다고 설명하고 있다.

50대 이후 제2의 인생을 시작하려는 이들에게 보브 오브리가 제시하는 '자기 기업'의 경영은 새 회사를 만들어 경제적인 성공을 이루는 것 이상의 활동적인 생활과 의미 있는 제2의 인생을 시작하게 하는 좋은 도전이 될 것이다.

8. 벤처인증을 따낸 60대 - 김문경(金文卿)9)

물론 그의 늦은 창업이 쉬운 일만은 아니다. 50대라는 나이와 창업자금, 또한 실패에 대한 부담감, 그리고 주변의 회의적인 시각들은 그에게 여러 면에서 부담을 지웠다. 하지만 그는 현재 자신에게 주어진 안정된 삶보다 스스로 도전과 개척으로 새로운 삶을 이루고자 창업을 선택한 것이다.

김문경(金文卿)은 50대 벤처기업을 창업하여 20대도 도전하기 힘든 벤처사업에 뛰어들어 7년 만에 벤처인증을 따낸 정력적인 기업인이다.

하지만 그가 1994년 처음 회사를 설립하였을 때는 50대로서 20-30대가 주류를 이루던 벤처업계에서는 연령적으로 고령에 해당되는 나이였다. 최첨단의 감각과 기술을 요하는 그 분야에 뛰어든 그에게는 핸디캡이

---

9)   김문경(1942~) : 황해도 출신이나 제2의 고향은 경북, 경기고등학교, 서울대 전기공학과, 현대전자산업 정보시스템사업본부 본부장(상무이사) 역임. 1994년 그린벨시스템즈 창업. 대통령 표창 수상(행정 전산망 극전산기 개발 사업부문)
참조 : 그린벨시스템즈 홈페이지 http://www.greenbell.co.kr/

더 많았던 것이다. 그러나 그가 창업한 '그린벨 시스템즈'는 최근 벤처기업 지정을 받고 계속 주위를 놀라게 하고 있다.

그는 젊은 시절 어려운 가정형편 때문에 대학 재학시절 일과 학업을 병행하면서 10년 만에 졸업했다. 어려운 상황에서도 인내심을 가지고 학업에 임했던 경험이 50세가 지나서 창업을 결심하는데 영향을 끼치지 않았을까 생각된다.

그는 창업 전에 대한전선과 현대전자에서 근무하면서 컴퓨터 사업본부 본부장(상무이사)의 자리에 까지 있던 사람이다. 그런 그가 53세라는 늦은 나이에 창업의 길로 뛰어든 것이다.

물론 그의 늦은 창업이 쉬운 일만은 아니었다. 50대라는 나이와 창업자금, 또한 실패에 대한 부담감, 그리고 주변의 회의적인 시각들은 그에게 여러 면에서 부담을 주었다. 하지만 그는 현재 자신에게 주어진 안정된 삶보다 스스로 도전과 개척으로 사회에서 무언과 공헌을 하는 새로운 삶을 이루고자 창업을 선택하였다.

그는 결국 1994년 개척정신과 창립 멤버들의 퇴직금을 모은 돈으로 회사를 설립하였다. 자본금 5,000만원으로 '그린벨 시스템즈'는 시작된 것이다. 그리고 창업 이후 열정과 탁월한 판단력으로 벤처업계 중에서 안정적인 기업으로 성장해 나가고 있다.

그는 사업을 시작할 때 썬과 EMC의 서버 스토리지 판매로 사업의 첫발을 내딛었다. 그 후 포스트 PC시대를 전망하고 컴퓨터 업계에서의 경험을 바탕으로 웹패드 개발에 박차를 가하게 된다. 초창기에는 타사 제품을 판매하였으나 자사제품을 직접 개발하여 판매하는 제조업체로 발전하여 블루패드라는 성공작을 내놓게 된 것이다.

블루패드는 사이버 아파트용 무선인터넷 단말기로 집안의 거실과 주방에 활용할 수 있는 10.4인치 규모의 액정모니터이다.

이러한 개발제품을 계속 출시하여 전자 기술문서 맨티스, 워드나 한글 파일을 인터넷 XML포맷으로 하는 소프트웨어, 선박의 매뉴얼까지 범위를 확대했다. 또한 2001 대한민국 소프트웨어 공모전에 입상하기도 했다.

그의 회사는 지금 연간 500억 원의 매출목표를 책정하고 직원 60여명이 불철주야 노력하고 있다. 그가 이렇게 성공할 수 있었던 이유는 실패한 분야는 과감히 정리하고 새로운 투자분야를 개척하고 추진한 점 때문이다.

하지만 그에게도 어려움이 없었던 것은 아니다. 1997년 그는 IMF 외환위기의 영향으로 15억 환차손을 입게 된다. '그린벨 시스템즈'는 당시 자본금 1억 5천만 원의 회사로 자본금의 무려 10배를 환차손 입은 것이다. 어려운 시기에 더욱 침착해야 한다는 집념 하에 내실 경영에 더욱 매진한 결과 다음 해에는 모든 환차손을 갚고 1999년부터 매해 30% 이상의 고성장을 기록하는 기업으로 발전하게 된다.

평소 회사의 이익은 곧 사원들의 몫이라는 철학을 갖고 있던 그는 2000년 말 어려웠던 IMF고비를 함께 넘긴 사원들에게 전액 무상으로 우리 사주를 나누어 주고 그에 따른 세금 처리까지 일괄적으로 처리해 줌으로써 당시 총 13억 원을 직원들에게 환원했다. 그는 그 때가 창립이후 그 어느 때 보다 뿌듯했던 때였다고 회고한다.

그에게는 경영자로서 함께 하는 경영의 실천이었고, 사원들에게는 자신의 회사라는 사명감을 심어주는 동시에 사기진작을 하기에 충분했던 것이다.

그는 유한양행의 창시자였던 유일한 박사를 가장 존경한다고 한다. 유일한 박사는 일제하에 미국에서 박사학위를 받고 대학교수직을 제의 받았으나 이를 뿌리치고 숙주나물 장사부터 시작해서 험난한 시기에 유한양행이란 기업을 이루었다. 안일한 삶을 포기하고 사명감과 비전을 가지고 시작한 모험 같은 인생이었던 것이다.

이와 같은 모험정신을 본받아서 김문경 사장이 젊은이들이 주도하는 테헤란 밸리의 벤처사업에 50대 중반에 뛰어들어 성공을 거둔 것은 단순한 사업 성공의 의미를 넘어선다. 그는 50대 이후의 새로운 인생이 가질 수 있는 가치를 실현한 기업인으로 많은 50대에게 시사하는 바가 클 것이다.

9. 70세에 변호사시험에 합격하여 로펌을 창설한 변호사 - 로젠버그(Rosenberg)

로젠버그는 그에게 주어진 제2의 인생을 선택이 아닌 필수로 여기고 나름의 꿈을 가지고 설계하고 도전 했고 결국은 성공한 것이다.

1990년경 미국 캘리포니아주의 변호사시험에 70대의 합격자가 탄생해 주위의 관심을 끈 적이 있다. 바로 로젠버그이다.

그는 청소년 시절부터 변호사가 되기를 꿈꾸었다. 하지만 가정 사정이 여의치 못해서 결국 로스쿨(Law School)에 진학하지 못하고 가족들의 생계를 위해 부동산 중개인으로 일해 왔었다.

그러다가 그의 손녀가 로스쿨을 졸업할 나이가 되어서야 그 동안 하던 부동산 사업을 정리하고 평생의 꿈으로 간직해 왔던 법학을 전공할 여유가 생기게 되었다. 그는 주저하지 않고 로스쿨에 입학해서 공부를 시작했다. 그 때 그의 나이는 60세를 넘어서고 있었다.

미국의 로스쿨이란 우리나라 법과대학과 달리 일반 대학을 졸업하고 대학원 과정에 진학하는 것이다. 그리고 로스쿨 학생은 공부벌레라는 말을 들을 정도로 열심히 공부를 하지 않으면 졸업하기도 힘들고 그리고 졸업 후 변호사 시험에 합격하는 일도 쉽지 않다.

다행히도 로젠버그는 손자 손녀 또래의 젊은이들과 함께 로스쿨을 무사히 마쳤고 변호사 시험까지 응시하게 되었다.

로젠버그는 여러 차례 변호사 시험에 낙방을 하였으나 포기하지 않고 계속 응시하여 나이 70세가 되었을 때 합격증을 손에 쥐었다. 그리고 미국 신문에 최고령자 합격이라는 제목의 기사로 소개되어 화제를 모았다.

로젠버그는 역대 최고령자로서 변호사시험에 합격하여 젊은이 못지않은 노익장(老益壯)을 과시한 셈이다. 그리고 평생의 소원이던 변호사가 되어 먼저 변호사가 되어있던 손녀와 함께 로젠버그 & 로젠버그라는 합동 법률 사무소 로펌을 개설하여 일을 시작했다.

변호사라는 직업은 어떻게 보면 평생직장 이라고 볼 수 도 있는 전문 자영업이다. 자신이 하고 싶은 만큼, 나이에 상관없이 계속할 수 있는 정년 없는 직업이다.
하지만 젊은이도 해내기 힘든 어려운 과정을 평생의 집념으로 통과하고, 젊을 때 변호사가 되어 살아왔던 사람이라도 이제 은퇴하여 어떻게 편안한 여생을 보낼까 하는 고민을 할 나이에 로젠버그는 거꾸로 진정한 인생을 시작하고 있다.

사실 로젠버그는 70세가 되어 경제적인 문제도 해결되었고 가족들의 생계에 대한 책임에서도 벗어나게 되어 충분히 자신의 노후를 편안히 보낼 수 있었다. 그럼에도 불구하고 그가 굳이 힘든 변호사 시험을 치러 새로운 직업을 택한 것은 단지 그것이 젊은 날에 이루지 못했던 꿈 때문만은 아닐 것이다.

로젠버그는 그에게 주어진 제 2의 인생을 선택이 아닌 필수로 여기고 나름의 꿈을 가지고 설계하고 도전했고 결국은 성공한 것이다.

라이프 사이클은 변화되었고 평균 수명이 연장되었다. 50대 이 후 남겨진 수십 년간의 제2의 인생을 무엇을 하며 보낼 것인가? 그것은 지나온 인생을 어떻게 살았느냐 하는 것보다 어쩌면 더 중요한 것인지도 모른다.

10. 나 자신의 인생에 즐거운 무엇인가를 하고 싶다 - 캐메론

 80대의 현역으로 상공에서 목숨을 걸고 자기 작품을 구사해 나가는 캐메론을 상상해 봤을 때, 거기에 비하면 IMF 이후 방황하고 있는 수많은 50대 명퇴자는 정말 아직도 전도가 창창한 것이다.

 로버트 캐메론은 50대 후반에 자기 인생을 개척한 사람이다. 그는 화장품 회사의 중역으로 10년 동안 매일 뉴욕 그랜드 샌트럴 역에서 롱 아일랜드 사운드에 있는 자기 집까지 전차를 타고 퇴근하는 길에 전차 마지막 칸에서 친구와 트럼프를 친곤 했다.

 그런데 그는 10년 동안 그 전차 안에서 차장이 심장마비로 죽은 사람을 운반하는 것을 11번이나 목격했다. 그리고 어느 날 전차에 늦지 않으려고 달려와서 자리에 앉자마자 심장마비로 목숨을 잃은 사람을 목격하고 나서 자신도 언젠가는 저렇게 죽을 수 도 있다는 생각이 들었다. 그 일이 새로운 결심을 굳히게 되는 계기가 되었다.

그는 퇴근길에 이러한 참변을 수차례 목격하고 자기는 이번 샌프란시스코 출장을 마지막으로 이 직장을 떠나 단 한번밖에 없는 인생을 내가 좋아하는 일을 하겠다고 결심하고 부인에게 이런 심정을 털어놓았다. 그리고 그는 세상을 살아가면서 자신이 가장 좋아하는 일을 찾아 하면서 생을 마쳐야겠다고 생각하여 다니던 화장품 회사에 사표를 제출했다.

그는 평소 꿈이었던 항공사진을 촬영하면서 작품 활동을 시작했다. 그는 화장품 회사에 들어가기 전 청년시절에 프랑스를 여행하여 사진예술에 대한 견문을 넓히면서 사진촬영에 대한 꿈을 지녔었다. 그의 나이 58세에 회사를 그만 두고 본격적인 작품 활동을 통하여 촬영한 사진 작품을 출판하면서 그의 꿈을 이루게 되었다.

그는 출판사의 관리비를 절감하고 책값을 저렴하게 공급하게 하기 위하여 정식 직원을 3명만 채용하였다. 그리고 작품은 자신이 직접 편집하여 찍은 사진집 시리즈를 출간하게 되었으며 그 책은 대단히 성공을 거두게 되었다.

1976년에 「로스앤젤레스 상공에서」라는 책을 출판하였는데 그 책은 16만부가 팔렸고 그 이후 하와이·런던·워싱턴·뉴욕·시카고 등의 속편을 내었다.

50대에 시작하여 25년이 경과한 지금 그는 이미 83세라는 고령의 나이지만 아직도 현역으로 작품 활동을 하여 촬영·편집·출판을 직접 관장하고 있다.

그는 자신의 책이 성공한 비결을 이렇게 말한다. "만약 다른 사람들이 책을 만들었다면 한권에 50달러 정도 했겠지만 내 책은 비교적 저렴한 가격으로 공급하고 있다. 왜냐하면 관리비용이 절약되기 때문이다. 나의 사업철학은 항상 사람들이 원하는 것을 만들어 적정한 가격에 제공하는 것이다."

출판사의 직원은 3명뿐이고 판매 조직도 없으며 대단한 광고를 한 것도 아니지만 캐메론의 「상공에서」라는 시리즈 책자는 500만부 이상 팔렸다.

큰 키에 백발을 휘날리는 노인임에도 불구하고 캐메론은 밝은 회색의 양복을 차려 입고 도시의 상공에서 낮게 나는 헬리콥터에 가죽벨트 하나로 매달려 몸을 내맡기기도 했다. 완벽에 가까운 사진을 찍기 위해서는 이런 모험도 불사한 것이다.

그는 사진 작품의 독특한 방법으로 자기류의 장르를 개척하는 작가로서 평판이 높다. 표준 35mm 카메라의 4배가 되는 크기의 펜탁스(Pentax) 6×7cm 카메라에 10폰트 자이로스태빌라이저(Gyrostablizer)를 붙여 특별렌즈의 기술을 구사하고 있다.

80대의 현역으로 상공에서 목숨을 걸고 작품을 창작해 나가는 캐메론을 상상해 보자. 거기에 비하면 방황하고 있는 수많은 50대들은 아직도 앞길이 멀지 않은가?